WRENCH AND THE SUPER SAW

5800 6200 6800 7000

BUSINESS BABIES®

Wrench walks into her Engineering Building.

Draw a picture of your building.

Wrench decides to Hot Rod a chainsaw.

Draw a picture of a product you would like to improve.

The saw will be used for wood cutting competitions only.

Draw a picture of how your improvements will change the product.

Wrench researches all of the saw components to
determine strengths and speeds.

Draw a picture of yourself doing research.

Wrench removes the carburetor and ports it.

Draw a picture of your staff working on your improvements.

Wrench changes bearings and sprockets to reduce friction and add strength.

Draw a picture of yourself adding better parts to your design.

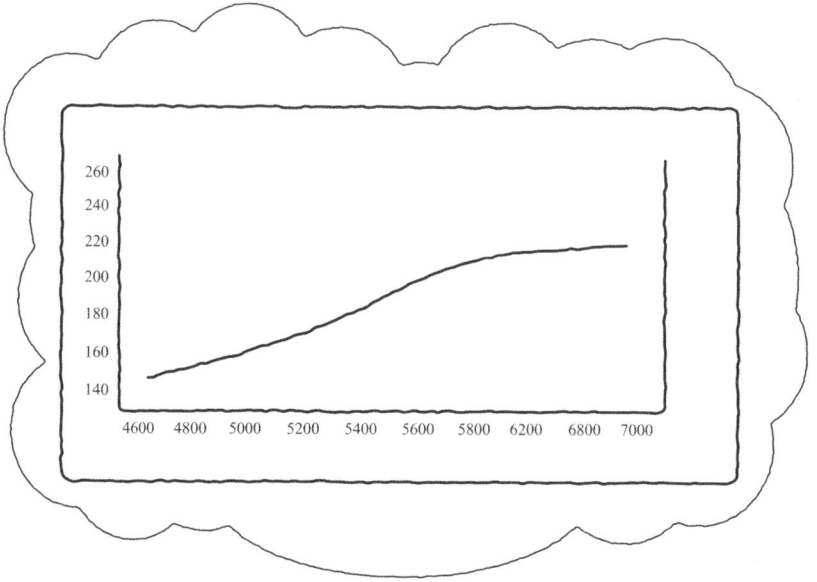

Wrench figures the percent increase in chain size and
strength necessary to handle the added horsepower.

Make a list of how your new parts improve your design.

The chainsaw bar and rollers are upgraded to add
strength and reduce the coefficient of friction.

What other changes may be needed?

Larger oil ports are added for chain and bar lubrication.

Will your design require added cooling?

Explain why or why not.

Wrench assembles the saw for testing.

Draw a picture of your design being tested.

Lesson:

Adding horsepower affects product components,
available uses, and safety!

What did you learn?

BUSINESS

BABIES

KIDS IN BUSINESS

BUSINESS BABIES

ENGINEERING

THE USE OF MATH AND SCIENCE
TO DESIGN AND CONSTRUCT

ENGINEERING

CHAINSAW

A POWER TOOL OFTEN USED
IN FORESTRY

CHAINSAW

CARBURETOR

A DEVICE FOR CREATING

PROPER AIR/FUEL MIXTURE

CARBURETOR

BETTER

SUPERIOR QUALITY

BETTER

COMPETITION

A CONTEST OF OPPOSING SIDES

COMPETITION

HORSEPOWER

33,000 FT. POUND FORCE OR
745.69987158 W

HORSEPOWER

FRICTION

RESISTANCE TO MOVEMENT DUE
TO CONTACT

FRICTION

REDUCE

TO MAKE SMALLER

REDUCE

PRODUCT

THE OUTCOME

PRODUCT

RESEARCH

INFORMATION GATHERING AND STUDYING

RESEARCH

PORTING

INCREASING THE SIZE OF A HOLE

PORTING

IMPROVE

TO ADD VALUE

IMPROVE

LUBRICATE

TO MAKE SLICK

LUBRICATE

WRENCH

THE OWNER OF 1ST PLACE

LLC.

WRENCH

STAFF

THE PEOPLE WHO

WORK FOR YOU

STAFF

LIFE

_____

_____

_____

LIFE

TERM BUILDER CLUES

ACROSS

3. To make slick

5. Information gathering and studying

7. One part of a whole

9. 33,000 ft pound-force or 745.69987158 W

10. The use of math and science to design and construct

DOWN

1. To make smaller

2. Resistance to movement due to contact

4. A device used fo creating proper air fuel mixture

6. A wheel with teeth that drives a chain

8. A contest of opposing sides

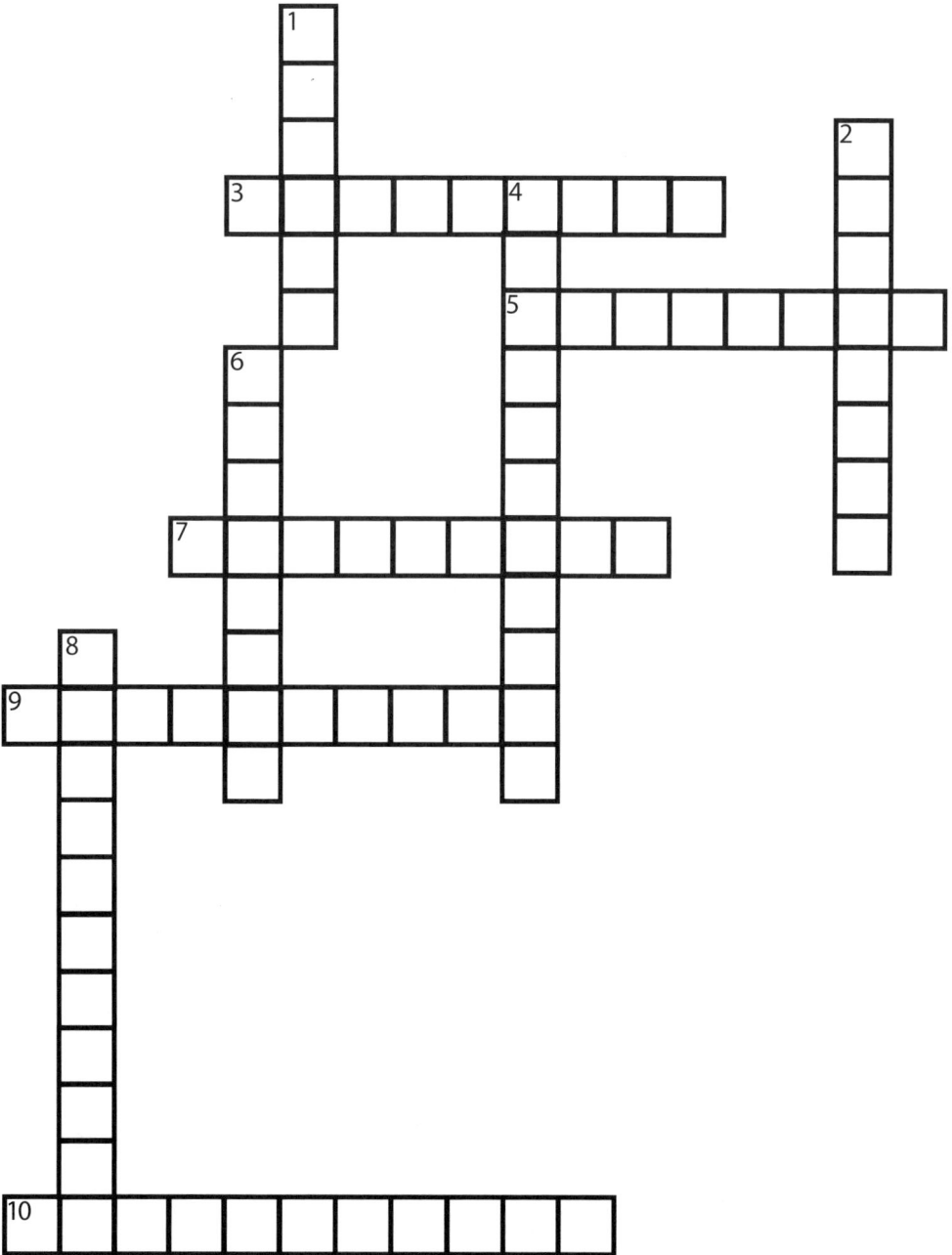

TERM BUILDER PUZZLE

TERM BUILDER CLUES

ACROSS

3. To make slick

5. Information gathering and studying

7. One part of a whole

9. 33,000 ft pound-force or 745.69987158 W

10. The use of math and science to design and construct

DOWN

1. To make smaller

2. Resistance to movement due to contact

4. A device used fo creating proper air fuel mixture

6. A wheel with teeth that drives a chain

8. A contest of opposing sides

TERM BUILDER PUZZLE KEY

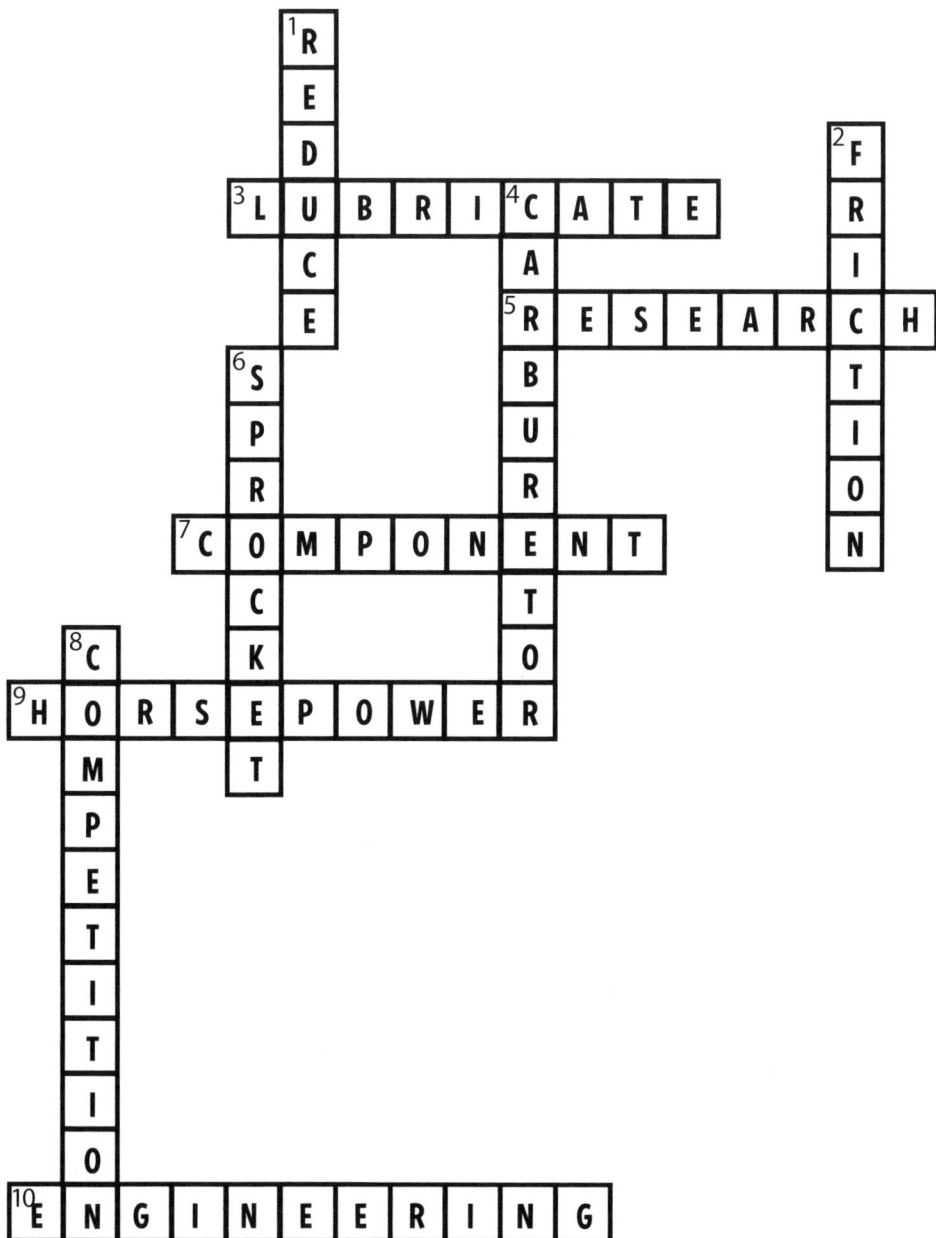

Across:
3. LUBRICATE
5. RESEARCH
7. COMPONENT
9. HORSEPOWER
10. ENGINEERING

Down:
1. REDUCE
2. FRICTION
4. CARBURETOR
6. SPROCKET
8. COMPETITION

WRENCH'S SUPER SAW BUSINESS TERMS

BETTER
BUSINESS BABIES
CHAINSAW
COEFFICIENT
IMPROVE
PORTING
PRODUCT
STAFF
TESTING
WRENCH

WRENCH'S SUPER SAW BUSINESS PUZZLE

```
A N H C T Q N U F J Y P Q G X C Q E Q I
W X Z J A E L L K Z H S C R Y B M D A M
M B D F J C G Q Z X C I A B S D C M W W
R K Y P P I M D J A M I R T I W G O Q P
F G O H J N K M E B K H A O E A C X O J
B V V T R L F O I T S F Y W H S R R N V
L H J X J D C O E F F I C I E N T Y H W
I N D M F N U G J G W A P I W I Y I M M
G J R U S T Q K F K L E B M N A Z D N G
S M A B J X W C D J M A A G F H Z U S G
C L I Q F R U C A N B R K S G C C O I B
Z J H U M F I L W S C G Y K K N I Z L U
I E Z B A O W W S U S K J E Q E B Q X V
Y J V A C V H E Y S L I D P H R N X I K
J R N W T M N N W R R G E B Y W M D M L
Y Y E L P I M P R O V E M Q W H R X K P
A M D V S A R E C H Y N T D Q N N D C A
B T C U D O R P T W J K A T G Q G C V B
W W B K E L P Q V L S F O Z E W B K U G
W T K R I R R U A B D M Q T Y B L V S F
```

WRENCH'S SUPER SAW BUSINESS TERMS

BETTER

BUSINESS BABIES

CHAINSAW

COEFFICIENT

IMPROVE

PORTING

PRODUCT

STAFF

TESTING

WRENCH

WRENCH'S SUPER SAW BUSINESS PUZZLE

```
A N H C T Q N U F J Y P Q G X C Q E Q I
W X Z J A E L L K Z H S C R Y B M D A M
M B D F J C G Q Z X C I A B S D C M W W
R K Y P P I M D J A M I R T I W G O Q P
F G O H J N K M E B K H A O E A C X Q J
B V V T R L F O I T S F Y W H S R R N V
L H J X J D C O E F F I C I E N T Y H W
I N D M F N U G J G W A P I W I Y I M M
G J R U S T Q K F K L E B M N A Z D N G
S M A B J X W C D J M A A G F H Z U S G
C L I Q F R U C A N B R K S G C C O I B
Z J H U M F I L W S C G Y K K N I Z L U
I E Z B A O W W S U S K J E Q E B Q X V
Y J V A C V H E Y S L I D P H R N X I K
J R N W T M N N W R R G E B Y W M D M L
Y Y E L P I M P R O V E M Q W H R X K P
A M D V S A R E C H Y N T D Q N N D C A
B T C U D O R P T W J K A T G Q G C V B
W W B K E L P Q V L S F O Z E W B K U G
W T K R I R R U A B D M Q T Y B L V S F
```

BU$INESS BABIES

JOSE MAKES A NEW CHIP

WRENCH AND THE SUPER SAW

HEIDI'S HAPPY CLIENT

FOR MORE BUSINESS BABIES INFORMATION AND TO PURCHASE BUSINESS BABIES PRODUCTS VISIT US ON THE WEB AT

WWW.BUSINESSBABIES.COM